BEI GRIN MACHT SICH IHR WISSEN BEZAHLT

AF148336

- Wir veröffentlichen Ihre Hausarbeit,
  Bachelor- und Masterarbeit

- Ihr eigenes eBook und Buch -
  weltweit in allen wichtigen Shops

- Verdienen Sie an jedem Verkauf

Jetzt bei www.GRIN.com hochladen und kostenlos publizieren

Hans-Jürgen Borchardt

So werden Verkäufe angebahnt

Die richtige Vorbereitung ist die "halbe Miete".

GRIN Verlag

Bibliografische Information der Deutschen Nationalbibliothek:

Die Deutsche Bibliothek verzeichnet diese Publikation in der Deutschen National-
bibliografie; detaillierte bibliografische Daten sind im Internet über http://dnb.d-
nb.de/ abrufbar.

Impressum:

Copyright © 2010 GRIN Verlag, Open Publishing GmbH
Druck und Bindung: Books on Demand GmbH, Norderstedt Germany
ISBN: 978-3-656-46555-3

Dieses Buch bei GRIN:

http://www.grin.com/de/e-book/161862/so-werden-verkaeufe-angebahnt

GRIN - Your knowledge has value

Der GRIN Verlag publiziert seit 1998 wissenschaftliche Arbeiten von Studenten, Hochschullehrern und anderen Akademikern als eBook und gedrucktes Buch. Die Verlagswebsite www.grin.com ist die ideale Plattform zur Veröffentlichung von Hausarbeiten, Abschlussarbeiten, wissenschaftlichen Aufsätzen, Dissertationen und Fachbüchern.

Besuchen Sie uns im Internet:

http://www.grin.com/

http://www.facebook.com/grincom

http://www.twitter.com/grin_com

So werden Verkäufe angebahnt. 9 Empfehlungen.
Die Gewinnung neuer Kunden ist für viele Inhaber eine Aufgabe mit
Schwierigkeiten, weil die damit verbundene Kontaktaufnahme zu fremden
Personen ungern ausgeübt wird. Daher wird diese Arbeit auch selten
systematisch betrieben, sondern man vertraut im Allgemeinen darauf, dass
die Standardaktivitäten ausreichend Nachfrage schaffen. Doch oft reicht das
nicht. Was ist also zu tun?

Planung ist nicht alles, aber alles ist nichts ohne Planung
Wer neue Kunden gewinnen will, sollte nicht spontan und aus dem Bauch
heraus eine Idee verwirklichen oder einen spontanen Impuls in die Praxis
umsetzen. Besser ist es, systematisch und überlegt vorzugehen, um eine
möglichst hohe Realisationsquote zu erreichen. Hinzu kommt, dass man oft
nur **eine** Chance hat. Ist diese vertan, ist ein zweiter Anlauf wesentlich
schwieriger.

Die Vorbereitung
1. Zunächst muss das Ziel, das man im ersten Kontakt/Gespräch
   erreichen will, eindeutig formuliert werden. Nur wenn man das für
   sich festlegt, kann eine klare, zielgerichtete Argumentation aufgebaut
   werden. Je nach Zielsetzung (Besuchsvereinbarung, Leistungs- oder
   Serviceangebot, Arbeitsprobe etc.) ergeben sich unterschiedlich
   Argumentationen.

2. Jeder Anbieter der sich und seine Leistungen verkaufen will, muss
   sich zuerst die Frage stellen: „Kann ich dem potenziellen Kunden
   wirklich etwas bieten, was für ihn von Interesse ist?" Wenn diese
   Frage nicht mit einem eindeutigen „Ja" beantwortet werden kann,
   sollte auf eine Kontaktaufnahme verzichtet werden, weil die
   Erfolgschancen mit einem 08/15-Angebot minimal sind. Hinzu
   kommt, dass man den 1. (negativen) Eindruck nur sehr schwer
   korrigieren kann.

3. Vor der Kontaktaufnahme muss man wissen, wer der Entscheider ist.
   Die Argumentationen gegenüber einem Inhaber, einem Einkäufer
   oder einem Abteilungsleiter etc. sind völlig unterschiedlich, weil jeder
   andere/eigene Zielvorstellungen verfolgt.

4. Immer wieder passiert es, dass ein Anbieter mit Fragen konfrontiert
   wird, für die ihm überzeugende Antworten fehlen. Deshalb ist es
   sinnvoll, wenn für die möglichen Argumente und die Ausreden, die
   gegen das Angebot oder die Zusammenarbeit verwendet werden
   könnten, die entsprechenden Antworten im Voraus erarbeitet werden.

   Mir ist es mehrfach passiert, dass ich gefragt wurde: „Sagen sie mir,
   warum ich zu ihnen wechseln soll und welchen Vorteil ich dadurch
   hätte." Beim ersten Mal bin ich ganz schön ins Schleudern
   gekommen, weil ich auf diese Frage nicht vorbereitet war.

5. Wichtig ist auch, vorher die Grenzen der Zusagen festzulegen. Wird das nicht getan, lässt man sich im Gespräch möglicherweise zu Zusagen verleiten, die unverhältnismäßig sind. Deshalb sollten die Zeit-, Arbeits- und Kostengrenzen vorher exakt definiert werden.

9 Tipps

1. Die direkte Frage

Viele Anbieter scheuen sich, eine konkrete Frage nach einer möglichen Zusammenarbeit zu stellen, weil sie glauben, das sei zu direkt. Aber denken Sie mal nach: Wenn der Gesprächspartner absolut nicht will, lehnt er das Angebot ab. Dann kann man das Gespräch beenden oder versuchen, mit einem konkreten Vorschlag doch noch zu einer Zusage zu kommen. Gibt der potenzielle Kunde aber eine konkrete Antwort, ist das „die halbe Miete", weil man dann genau weiß, welches Problem ihn ernsthaft beschäftigt.

2. Teilleistungen

Die Scheu vor einem kompletten Wechsel ist im Allgemeinen sehr groß, weil das immer mit einem Risiko für den Kunden verbunden ist. Deshalb ist es besser, zunächst nur eine Teilleistung anzubieten, weil damit das Risiko für den Kunden deutlich kleiner ist.

3. Seminare und Vorträge

Handwerkskammern, IHK`s, das RKW, Innungen, Arbeitskreise, Business-Clubs, Verbände etc. sind im Allgemeinen gegenüber Anbietern von Seminaren und Vorträgen aufgeschlossen. Wenn das Seminar/der Vortrag interessant und praxisnah ist, ergeben sich immer wieder Kontakte zu den Zuhörern. Ein angenehmer Nebeneffekt ist zudem, dass dieser Aufwand oft auch noch bezahlt wird.

4. Newsletter

Newsletter sind eine einfache und kostengünstige Maßnahme, um sowohl Kunden als auch Interessenten mit wissenswerten Informationen zu versorgen. Mit diesem Medium ist es auf einfache Weise möglich, Kompetenz, Wissen, Aktualität etc. zu demonstrieren. Allerdings sollten zwei Punkte beachtet werden.

4.1 Wer diese Leistung nicht konsequent betreiben will, sollte auf gar keinen Fall eine wöchentliche Zusendung versprechen. Weil der Intervall zu kurz ist, gehen schnell die Themen aus und die Qualität der Informationen wird im Laufe der Zeit immer schlechter. Besser ist es, wenn der Newsletter monatlich oder zu konkreten Anlässen verschickt wird.

4.2 Der größte Fehler ist, mit einem Newsletter möglichst viele Empfänger zu bedienen. Dann steht zwar meistens viel drin, ist aber nicht lesenswert, weil die Informationen nicht ausreichend zielgruppen- bzw. empfängerbezogen sind.

5. Checklisten

Eine bewährte Methode ist auch, kostenlos Checklisten mit aussagefähigen Auswertungsmöglichkeiten anzubieten. Mit diesem Angebot kann man seine speziellen Kenntnisse nachweisen und hat gleichzeitig die Gelegenheit nachzufragen, ob und wie die Checkliste geholfen hat.

6. Beispiele

Vergleichbare Beispiele sind eine besonders gute Möglichkeit den Betrieb und die eigenen Leistungen vorzustellen, weil man von der Aufgabenstellung über die Zielsetzung bis zum Ergebnis die gesamte Leistungspalette demonstrieren kann. Wenn Beispiele umfassend und richtig dargestellt werden, kann der Empfänger die andere Methodik/Vorgehensweise und die Unterschiede zu seinem jetzigen Anbieter erkennen.

7. Kennenlern-Angebot

Eine weitere Möglichkeit –insbesondere für Dienstleister- mit einem potenziellen Kunden ins Gespräch zu kommen, ist das „Kennenlern-Angebot". Man fordert den Gesprächspartner auf, eine denkbares oder vorhandenes Problem zu nennen, damit man ein maßgeschneidertes Lösungs-Angebot –mit oder ohne kostenlose Teilleistung- anbieten kann. Diese Form überzeugt oft jene Kunden, die zwar mit ihrem jetzigen Lieferanten nicht voll zufrieden sind, aber das Risiko eines Wechsels scheuen.

8. Empfehlungen

Ein Teilbereich des Beziehungsmanagements ist, die Kunden zu Empfehlern zu gewinnen. Dieses Ziel wird aus unerfindlichen Gründen meistens vernachlässigt. Obwohl bekannt ist, dass Empfehler dem Unternehmen viele Vorteile bringen, wird wenig darüber nachgedacht, wie man die Kunden zu Botschaftern des Betriebes machen kann.

Wenn Qualität und Leistung die Kunden zufrieden stellen oder gar begeistern, sollte **immer** überlegt werden, mit welchen Maßnahmen und Angeboten man die Kunden zu Empfehlungen animiert. Die Maßnahmen dafür können verschieden sein, z. B.:

8.1 Für jede Empfehlung, die zu einem Auftrag führt, erhält der Kunde eine Aufmerksamkeit, ein Geschenk, das sich nach der Größe und dem Umfang der vermittelten Arbeit richtet.

8.2 Es werden „Empfehlungskarten" an die Kunden ausgegeben. Gegen Vorlage dieser Empfehlungskarte erhält der Neukunde einen Preisnachlass oder eine kostenlose Service- bzw. Zusatzleistung. Diese Methode ist deshalb erfolgreich, weil sich der Spender dieser Vorteilskarte gegenüber seinen Freunden und Bekannten profilieren kann.

8.3 Der empfehlende Kunde erhält ein Bonuskonto, auf dem ihm Umsatzprozente gutgeschrieben werden.
(Das Argument vieler Unternehmer, dass die anderen Kunden ebenfalls einen Nachlass haben wollen, ist leicht zu entkräften. Jeder Neukunde, **(5 – 7 x teurer als das Halten eines Altkunden)** *der für den Betrieb über eine Empfehlung gewonnen wird, stellt einen geldwerten Vorteil dar. Und die Belohnung des Altkunden ist günstiger als der Einsatz klassischer Kundengewinnungs-maßnahmen.)*

9. Zum Schluss „Vitamin B"

Vor vielen Jahren gründete in einer Hessischen Großstadt ein junger Mann eine Werbeagentur. Bereits in der Gründungsphase meldete er sich in vielen Vereinen und Clubs als Mitglied an. Wann immer sich die Gelegenheit bot, sprach er in den Vereinen und Clubs von seiner Firma und seinen Leistungen und was er anders machen würde als die Wettbewerber.

Sein gezieltes Beziehungsmanagement funktionierte, er verstand es, eine Reihe von Vereins- und Clubmitglieder davon zu überzeugen, dass er ein fähiger Jungunternehmer sei. Innerhalb kurzer Zeit hatte er sich durch die Kunden, die er aus den Vereinen und Clubs gewann, etabliert.

Hans-Jürgen Borchardt
Oktober 2010